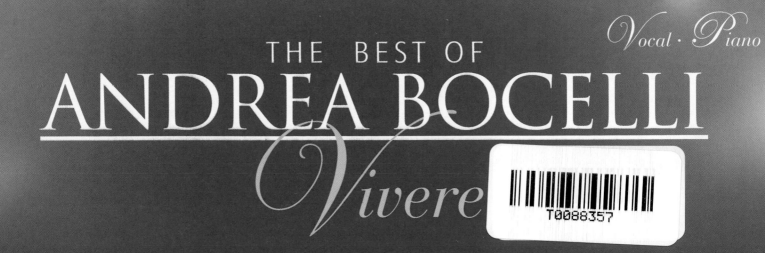

Vocal · Piano

THE BEST OF
ANDREA BOCELLI
Vivere

ISBN 978-1-5400-3725-1

HAL•LEONARD®

Visit Hal Leonard Online at
www.halleonard.com

Contact Us:
Hal Leonard
7777 West Bluemound Road
Milwaukee, WI 53213
Email: info@halleonard.com

In Europe contact:
Hal Leonard Europe Limited
42 Wigmore Street
Marylebone, London, W1U 2RN
Email: info@halleonardeurope.com

In Australia contact:
Hal Leonard Australia Pty. Ltd.
4 Lentara Court
Cheltenham, Victoria, 3192 Australia
Email: info@halleonard.com.au

Contents

4   LA VOCE DEL SILENZIO

18   SOGNO (EXTENDED VERSION)

13   IL MARE CALMO DELIA SERA

24   VIVERE

32   CANTO DELLA TERRA

36   A TE

43   BÉSAME MUCHO

50   TIME TO SAY GOODBYE
      (CON TE PARTIRÒ)

60   IO CI SARO'

55   ROMANZA

70   VIVO PER LEI

78   MELODRAMMA

82   THE PRAYER

89   BECAUSE WE BELIEVE

LA VOCE DEL SILENZIO

Words by MOGOL and PAOLO LIMITI
Music by ELIO ISOLA

Vo - le - vo sta - re un po' da so - lo_____ per pen - sa - re tu lo sai.

Ed ho sen-ti-to nel si-len - zio u-na vo-ce den-tro me._

E tor-nan vi-ve_____ trop-pe co-se_____ che cre-de - vo mor-te or -

IL MARE CALMO DELLA SERA

Words by ZUCCHERO and GLORIA NUTI
Music by ZUCCHERO and GIANPIETRO FELISATTI

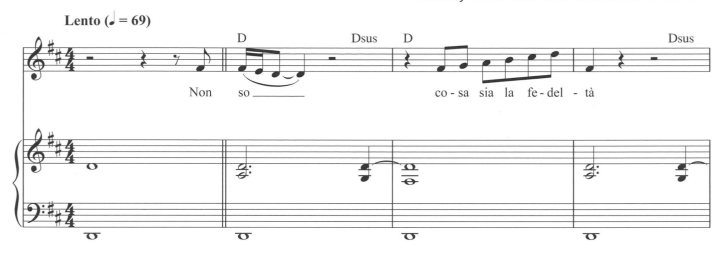

Lento (♩ = 69)

Non so _____ co - sa sia la fe - del - tà

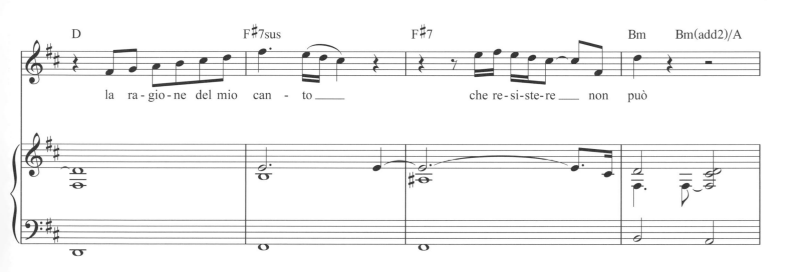

la ra - gio - ne del mio can - to _____ che re - si - ste - re _____ non può

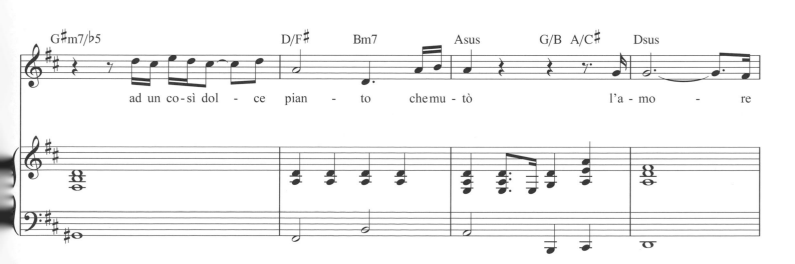

ad un co - sì dol - ce pian - to chemu - tò l'a - mo - re

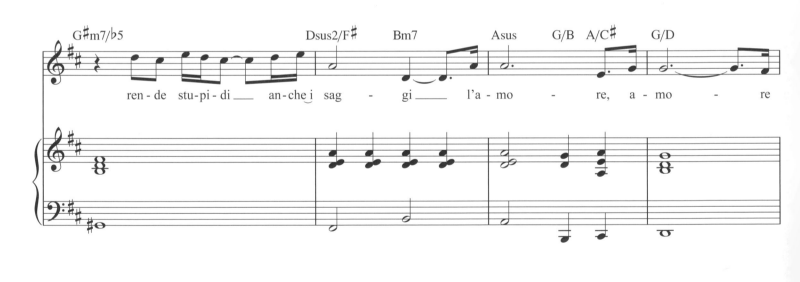

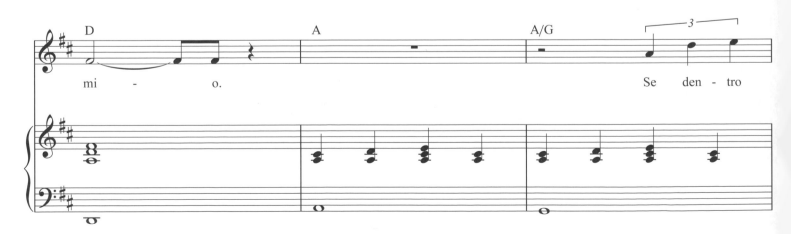

SOGNO

Words by GIUSEPPE SERVILLO
Music by GIUSEPPE VESSICCHIO

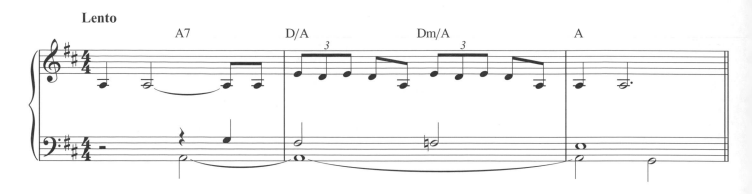

Va ____ ti a - spet - te - rò ____ il fio - re nel giar - do - no se - gna il

tem - po. Qui ____ de - se - gne - rò ____ il gior - no

VIVERE

Words by GERARDINA TROVATO
Music by ANGELO ANASTASIO and CELSO VALLI

CANTO DELLA TERRA

Words by LUCIO QUARANTOTTO
Music by FRANCESCO SARTORI

Si lo so a - mo - re che io e te for - se stia - mo in-

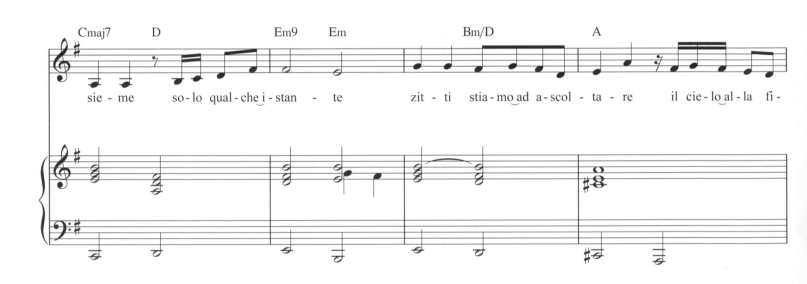

sie - me so - lo qual - che i - stan - te zit - ti stia - mo ad a - scol - ta - re il cie - lo al - la fi-

ne - stra __ que sto mon - do che si sve - glia e la not - te è già co - sì lon-

A TE

Words and Music by
ANDREA BOCELLI

BÉSAME MUCHO

Words and Music by
CONSUELO VELAZQUEZ

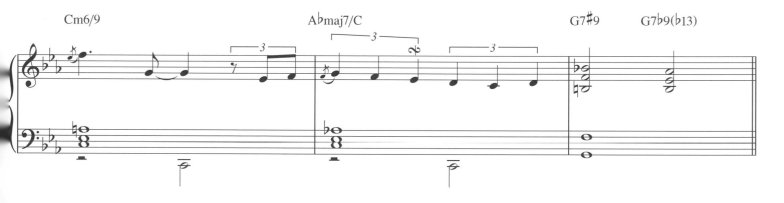

der - te,___ per - der - te ___ des - pués.

Quie - ro ___ te - ner - te ___ muy cer - ca ___ mi - rar - me en ___ tus

o - jos ___ ver - te jun - to a - mi. Pien - sa que tal vez ma -

ña - na yo ya es - ta - ré le - jos muy le - jos ___ de ___ ti.

que ten - go mie - do a per - der - te,____ per - der - te ____ des -

pués.

Bé - sa - me,____

TIME TO SAY GOODBYE

Words by LUCIO QUARANTOTTO and FRANK PETERSON
Music by FRANCESCO SARTORI

ROMANZA

Words and Music by
MAURO MALAVASI

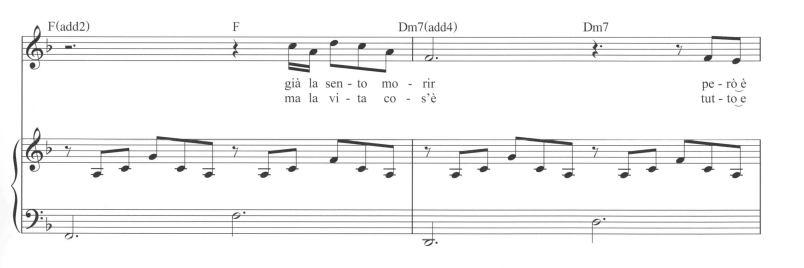

IO CI SARO'

Words by ANDREA BOCELLI and EUGENIO FINARDI
Music by WALTER AFANASIEFF and DAVID FOSTER

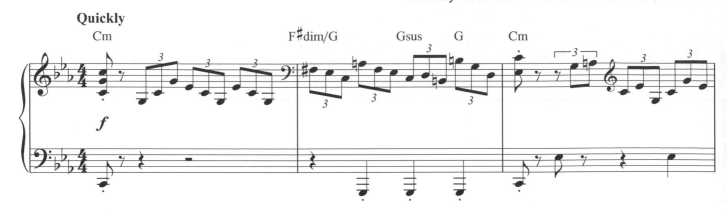

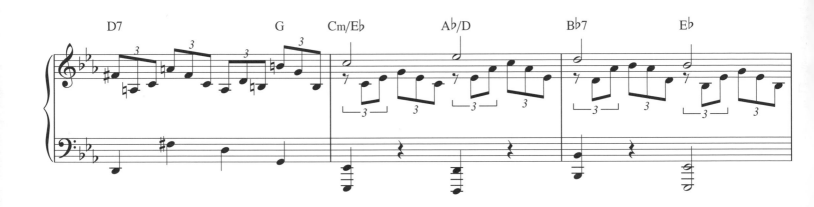

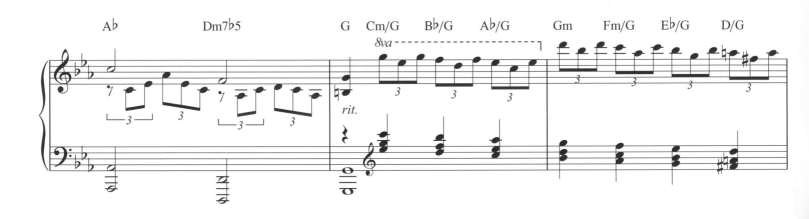

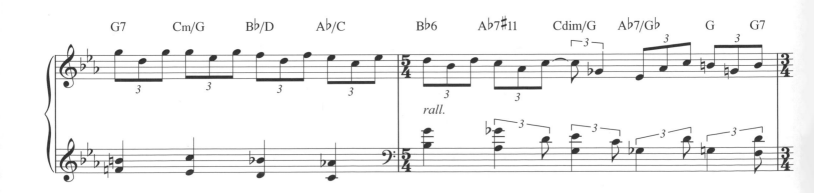

62

Slightly faster

66

Moderately, expressively

Io non me ne an - drò, e nei mo-men-ti tris-ti ac-can - to a te sa - rò. E se vor - rai.

VIVO PER LEI

Words by GATTO PANCERI
Music by VALERIO ZELLI and MAURO MENGALI

MELODRAMMA

Words and Music by PIERPAOLO GUERRINI
and PAOLO LUCIANI

io pian-go che paz - zia   fu an-dar-se - ne poi via.

D.S. al Coda

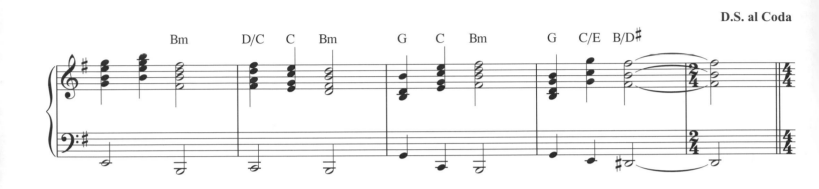

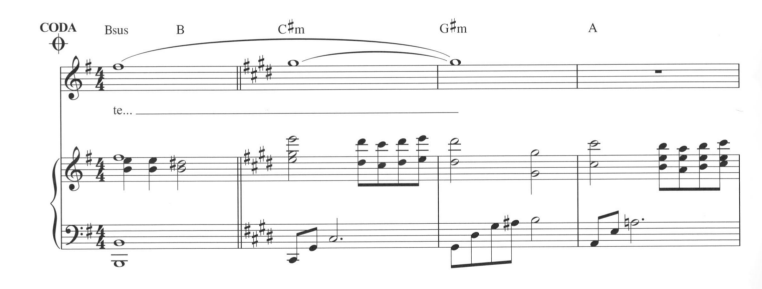

te... _____

...a - mo-re sen-za te.

THE PRAYER

Words and Music by CAROLE BAYER SAGER
and DAVID FOSTER
Italian Lyrics by ALBERTO TESTA
and TONY RENIS

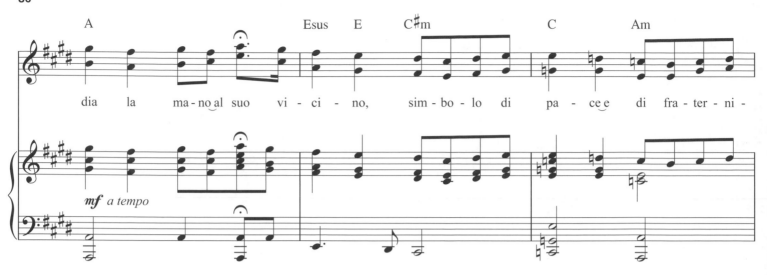

dia la ma-no al suo vi - ci - no, sim-bo-lo di pa - ce e di fra - ter - ni -

Female: tà.

We ask that life be _

Male: tà.

La for - za che _ ci _ dai

è il de - si - de - rio che

_ kind, _

and watch us _ from a - bove. _

o - gnu-no tro-vi a-

BECAUSE WE BELIEVE

Words and Music by ANDREA BOCELLI,
DAVID FOSTER and AMY FOSTER-GILLIES